Maria-Regina und Michael Altmeyer

Frühlingshafte Friesenbäume

frechverlag

Zur Tulpenblüte nach Holland

(Abbildung Seite 1)

Material:

- ✗ *Fensterkreuz, 3 Streben, blau*
- ✗ *Tonkarton, weiß, blau und grün*
- ✗ *Tonkarton geprägt, weiß, blau, rot und gelb*
- ✗ *Blumendraht, Stärke 1 mm, grün*
- ✗ *Windmühlen aus Holz (Streuteile), weiß und blau*
- ✗ *Grasfaser, hellgrün*
- ✗ *Baumwollband, weiß*
- ✗ *Satinband, 3 mm breit, grün, 3,50 m*
- ✗ *Tulpenband (Dekoband), 1,5 cm breit, 2,40 m*

Tulpen: Die Tulpenstiele bestehen aus Blumendraht; für die kleinen benötigen Sie 8 cm lange, für die großen 9 cm lange Stücke. Pro Tulpe zwei Blätter aus grünem Tonkarton und die beiden Blütenhälften aus geprägtem Karton schneiden. Kleben Sie den Draht so zwischen die beiden Blätter, dass er unten etwa 2,5 cm herausschaut. Am oberen Drahtende beidseitig die Blüte ergänzen.

Windmühlen: Die Grundform einmal aus Tonkarton, die übrigen Motivteile jeweils doppelt aus geprägtem Karton anfertigen. Beidseitig Sockel, Fenster und Flügel fixieren. Zuletzt das weiße Aufhängeband anbringen.

Nun werden die Tulpen mit dem unteren Drahtende an den Querstreben befestigt. Dann wickeln Sie um die Holzleisten hellgrüne Grasfaser und befestigen mit Heißkleber einige Holzwindmühlen auf dem Gras. Jetzt die Windmühlen an die Streben hängen. Zuletzt teilen Sie das Dekoband in drei Bänder von je 80 cm Länge, binden daraus drei Schleifen und befestigen diese an den Kreuzungspunkten. Zusätzlich jeweils eine weitere Schleife aus grünem Satinband (je 1 m) darauf setzen. Mit dem restlichen Satinband wird der Tulpenbaum aufgehängt.

Wir danken dem Kreativ-Service, Lemgo sowie der Firma Rayher für die freundliche Unterstützung.

Fotos: frechverlag GmbH + Co. Druck KG, 70499 Stuttgart;
Fotostudio Ullrich & Co., Renningen

Dieses Buch enthält:
1 Vorlagenbogen

Auflage: 5. 4. 3. 2. | Letzte Zahlen
Jahr: 2004 2003 2002 2001 2000 | maßgebend

frechverlag GmbH + Co. Druck KG, 70499 Stuttgart

ISBN 3-7724-2550-X · Best.-Nr. 2550

Druck: frechverlag GmbH + Co. Druck KG, 70499 Stuttgart

In vielen Fenstern sind sie zu sehen: dekorativ geschmückte Fensterkreuze und mit vielerlei Anhängern und Bändern verzierte Minibäume, auch Friesenbäume genannt. Die aparten Blickfänger haben gleich zwei Vorzüge zu bieten: Einerseits sind sie ein wirkungsvoller Zimmerschmuck, andererseits lassen sie sich immer wieder neu dekorieren. Da ist es kein Wunder, dass sich Friesenbäume und Fensterkreuze immer größerer Beliebtheit erfreuen.

Mit den passenden Motiven geschmückt, kann Sie Ihr Friesenbaum das ganze Jahr hindurch erfreuen. Im vorliegenden Buch finden Sie Beispiele, wie Sie Ihr Fensterkreuz im Frühling oder zu Ostern gestalten können. Ob Sie nun den pfiffigen Malerhasen in ihrem Atelier bei der Arbeit über die Schulter schauen oder sich von den filigranen Schmetterlingen verzaubern lassen, ob Sie den Frühling mit einem Tanz um den Maibaum feiern oder zur Tulpenblüte nach Holland fahren, immer holen Sie sich ein farbenfrohes „Stückchen" Frühling ins Haus.

Übrigens eignen sich die Dekobäume auch als Geschenk. Vielleicht überraschen Sie zum Osterfest mal jemanden mit einer originellen Putzmamsell oder lustigen Malerhasen?

Viel Spaß und Freude mit Ihrem frühlingshaften Friesenbaum wünschen Ihnen

Maria-Regina und Michael Altmeyer

Material und Arbeitshinweise

Materialhinweise

Es gibt Friesenbäume in mehreren Größen und in den unterschiedlichsten Ausführungen: Der Handel bietet Fensterkreuze mit zwei, drei oder mehr Querstreben an, die man aufhängen oder mit einem Standfuß auf einen Tisch oder die Fensterbank stellen kann. Eine gelungene Variante sind Holzgestelle, die von einem Bogen, gearbeitet aus einer schmalen Holzleiste, umrahmt sind. Die verschiedenen Materialien, die zur Verzierung der Friesenbäume benötigt werden, haben wir den einzelnen Modellen jeweils in einer Liste vorangestellt.

Benötigtes Werkzeug

- *Schneidewerkzeuge: mittelgroße, spitze Schere (Papierschere); Nagelschere; Cutter; Lochzange; kleine Nadel*
- *Schneideunterlage aus Hartgummi (evtl. dicker, fester Karton) zum Schutz der Arbeitsfläche vor Beschädigungen*
- *Klebstoff: Alleskleber; Heißkleber aus der Klebepistole*
- *Bleistift (Stärke HB)*
- *(Metall-) Lineal; Geo-Dreieck*
- *Farben: Filzstifte, Bastelfarben, Klarlack*
- *Pinsel in verschiedenen Stärken*
- *Unterlage zum Schutz des Arbeitsplatzes vor Klebstoffresten*
- *Außerdem wird zum Anfertigen der Schablonen Transparent- oder Architektenpapier benötigt, aber Sie können dazu auch Butterbrotpapier verwenden.*

Zusätzliches Werkzeug für die Holzarbeiten

- *Laub- oder Dekupiersäge*
- *Schleifpapier, Rund- oder Flachfeile*
- *Bohrmaschine, Handbohrer*
- *Holzleim*

Motive vom Vorlagenbogen übertragen

Die Zeichnungen für die Holzarbeiten können Sie vom Vorlagenbogen mit Kohlepapier direkt auf die Sperrholz- oder Tischlerplatte durchpausen; bei den übrigen Motiven fertigen Sie zunächst eine Schablone an.

Dazu wird das Transparent- oder Architektenpapier auf die gewünschte Zeichnung des Vorlagenbogens gelegt und die einzelnen Teile werden mit einem spitzen, nicht zu harten Bleistift nachgezeichnet. Anschließend das Transparentpapier mit dem abgepausten Motiv auf ein Stück festen Karton (Tonkarton) legen bzw. kleben und an den Bleistiftlinien exakt ausschneiden. So erhalten Sie eine Schablone.

Legen Sie die Schablone so auf das entsprechende Werkmaterial, dass sie nicht verrutschen kann, und umfahren Sie die Umrisskanten sorgfältig mit einem Bleistift. Der Bleistiftstrich hebt sich auf dunklem Untergrund nicht genügend ab, am besten verwenden Sie daher hier für das Umfahren einen weißen Farb- oder Kreidestift. Bei den Teilen aus Wellpappe wird der Schablonenumriss auf die Rückseite, d.h. die glatte Seite, aufgezeichnet. Dann können Sie die Motive ausschneiden bzw. die Holzteile aussägen. Gerade Linien sowie Ecken und Kanten werden mit dem Cutter geschnitten; dabei wird das Cuttermesser wie ein Bleistift gehalten. An der zu schneidenden Linie ein Metall-Lineal ausrichten und den Cutter mit leichtem Druck daran entlang ziehen. Damit Ihr Arbeitstisch nicht beschädigt wird, muss beim Arbeiten mit dem Cutter unbedingt eine Schneideunterlage aus Hartgummi oder dickem Karton untergelegt werden! Rundungen sowie Aussparungen bearbeiten Sie mit einer spitzen Schere, sehr kleine Wölbungen oder Details mit einer Nagelschere.

Achten Sie darauf, dass Ihre Schneidewerkzeuge stets scharfe Schneiden aufweisen. Besonders Wellpappe franst sehr leicht aus, wenn die Schneiden nicht mehr scharf genug sind.

Das Montieren der Fensterkreuze

Die Friesenbäume in diesem Buch, die an einem Band aufgehängt werden, bestehen entweder aus einem Fensterkreuz mit drei Querstreben oder aus einem Kreuz mit zweiteiliger Querverstrebung. Im Fachhandel können Sie solche Fensterkreuze bereits fertig montiert erwerben. Auch Bastelpackungen mit passend zugeschnittenen Rundhölzern und Holzkugeln zum Aufstecken werden angeboten. Sie müssen die Teile nur noch zusammenstecken und können dann sofort damit beginnen, den Baum mit Bändern und Anhängern zu dekorieren. Diese Sets sind in mehreren Farben erhältlich.

Selbstverständlich können Sie Ihren Friesenbaum auch komplett selbst anfertigen.

Dazu wird folgendes Material benötigt:

- *Vierkantleiste, 12 mm x 12 mm (für Fensterkreuz mit 3 Streben 47 cm lang; für Fensterkreuz mit 2 Streben 30 cm lang)*
- *Rundholz, 6 mm ø (3 Streben: 34 cm, 26 cm und 18 cm; 2 Streben: 26 cm und 18 cm)*
- *Holzperlen mit einseitiger Bohrung (Loch: 6 mm ø)*
- *Ringschraube*

Je nach gewählter Größe versehen Sie die Vierkantleiste mit drei oder zwei übereinander liegenden Bohrlöchern von jeweils 6 mm ø, durch die Sie die Rundhölzer stecken. Die genauen Maße bzw. Angaben für die Bohrungen entnehmen Sie den Skizzen (Vorlagenbogen). In die obere Bohrung den kurzen (18 cm), darunter den mittleren (26 cm), beim großen Fensterkreuz zusätzlich unten den langen Stab (34 cm) durchstecken. Richten Sie die Rundstäbe mittig aus. Damit die Rundhölzer später nicht verrutschen, geben Sie etwas Holzleim in die Bohrlöcher. Auf die Enden der Querstäbe wird jeweils eine Holzperle aufgeleimt. Damit der Friesenbaum auch aufgehängt werden kann, wird zuletzt eine Ringschraube von oben in die Vierkantleiste gedreht und das Aufhängeband durchgezogen. Die Bandlänge können Sie dabei beliebig wählen. Möchten Sie Ihren Dekobaum aufstellen, benötigen Sie zusätzlich einen Standfuß von 12 cm x 12 cm, den Sie aus einem ca. 2 cm dicken Holzbrett aussägen. Die Mittelachse des Friesenbaums wird von unten mit einer Holzschraube am Ständer fixiert. Wenn Sie einen farbigen Friesenbaum möchten, können Sie das Holzgestell mit Bastelfarben anmalen oder mit Holzbeize einfärben. Wenn die Farbe getrocknet ist, wird zum Schutz noch Klarlack aufgetragen.

Frühlingszauber

Material:

- *Fensterkreuz, 3 Streben, gelb*
- *Naturpapier in verschiedenen Grün-, Gelb-, Rot- und Blautönen*
- *Tonkarton geprägt, braun*
- *Kokosfaser, grün*
- *Birkenreisig*
- *Blumendraht*
- *Marienkäfer (Streuteile) aus Holz, flach und rund*
- *Baumwollband, weiß*
- *Dekoband mit Marienkäfern, grün, 2,5 cm breit, 3 m*

Zu Beginn umschlingen Sie die Mittelstrebe des Fensterkreuzes mit Kokosfaser, darüber wickeln Sie das Birkenreisig. Die Enden werden mit Blumendraht vor dem Abrutschen gesichert. Dann verzieren Sie die Mittelachse mit mehreren Marienkäfern aus Holz: Die großen Käfer an den Kreuzungspunkten fixieren, die kleinen Käfer dazwischen setzen.

Nun die Stiefmütterchen arbeiten. Sämtliche Blütenblätter werden aus Naturpapier geschnitten; das mittlere Blattpaar fertigen Sie dabei aus einem helleren bzw. dunkleren Farbton. Auch die gelbe Blütenmitte und der Stängel samt Blättern werden aus Naturpapier geschnitten, das braune Innenteil wird aus geprägtem Tonkarton gearbeitet.

Kleben Sie die oberen Blütenblätter versetzt übereinander, dann fixieren Sie die mittleren Blätter, zuletzt das einzelne untere Blütenblatt. Innenteil und Blütenmitte ergänzen. Dann wird der Blumenstängel mit Blättern auf der Rückseite des Stiefmütterchens befestigt. Durch den oberen Blütenrand ein Baumwollband ziehen und die Stiefmütterchen am Fensterkreuz verteilen.

Zuletzt setzen Sie auf die Enden der Querstreben jeweils eine Schleife aus Dekoband (je 40 cm). Am restlichen Band wird der Friesenbaum aufgehängt.

Der kleine Gärtner

Material:

- ✗ *Fensterkreuz, 2 Streben, natur*
- ✗ *Tonkarton, hautfarben (chamois), grün und gelb*
- ✗ *Tonkarton geprägt, rot, blau, mittelbraun, dunkelbraun, grün und weiß*
- ✗ *Bastelfarbe, grün*
- ✗ *Creme-Rouge*
- ✗ *Bast, braun*
- ✗ *Holz-Rechen, 14 cm*
- ✗ *Baumwollband, weiß*
- ✗ *Satinband, 3 mm breit, blau, 60 cm*

Gärtner: Kopf und Beine werden je einmal, die Hände doppelt aus Tonkarton ausgeschnitten. Alle übrigen Motivteile arbeiten Sie jeweils doppelt aus geprägtem Tonkarton.

Zunächst wird auf Hemd und Ärmel mit grüner Bastelfarbe und einem feinen Pinsel das Karomuster aufgemalt. Dann kleben Sie die Hände zusammen, dabei legen Sie gleichzeitig den Hyazinthenstängel bzw. die Gießkanne zwischen die Handflächen; die beiden Kannenhälften selbst werden noch nicht fixiert. Anschließend wird das Hemd zusammengeklebt, den Kopf und die Hand mit der Gießkanne schieben Sie an den entsprechenden Stellen dazwischen. Nun wird der Kopf mit Augen und Haaren ergänzt. Pupille und Augenbrauen werden mit einem schwarzen Filzstift aufgezeichnet, die Wangen mit Creme-Rouge betont. Danach fixieren Sie beidseitig die Hose und schieben die Beine zwischen die unteren Hosenöffnungen. Dem Gärtner die Schürze überziehen und die Schuhe befestigen. Mit einem Filzstiftstrich werden die Schuhe voneinander getrennt und die Hosenfalten an den Kniekehlen angedeutet. Jetzt können Sie beidseitig den losen Ärmel aufsetzen und die Hand in der Ärmelöffnung fixieren. Zuletzt ergänzen Sie den Blumenstängel mit der Blüte und befestigen die Kanne mit dem Ausgießer vorn und hinten am Gärtner.

Gießkanne: Die Teile doppelt aus geprägtem Karton zuschneiden. Das Aufhängeband zwischen die Hälften legen und die Kanne zusammenkleben.

Vögel: Der Schnabel wird einmal aus Tonkarton, Körper und Flügel werden jeweils doppelt aus geprägtem Tonkarton zugeschnitten. Mit der Lochzange das Auge ausstanzen, die Halslinie mit einem Cutter einschneiden. Anschließend den Schnabel im Kopfbereich zwischen die Körperhälften legen und den Vogel zusammenkleben; bei einem Vogel wird dabei das weiße Aufhängeband dazwischen gelegt. Beidseitig die Flügel fixieren.

Hyazinthen: Der Stängel wird einmal aus Tonkarton, Blüte und Zwiebel werden jeweils doppelt aus geprägtem Karton angefertigt. Die Blattadern deuten Sie mit länglichen Cutterschnitten an. Das obere Stängelende mit der Blüte ergänzen, unten die Blumenzwiebel fixieren, dabei gleichzeitig als Wurzelfasern ein ca. 2 cm langes Baststück einlegen und den Bast ausfransen. Bei den hängenden Hyazinthen wird beim Zusammenkleben der Blüten das weiße Aufhängeband gleich mitfixiert.

Nun kann der Friesenbaum geschmückt werden. Zuerst die untere Querstrebe dekorieren: Die hängenden Hyazinthen und die Gießkanne anknoten, dann auf den Befestigungspunkten die übrigen Blumen und den kleinen Gärtner mit Klebstoff bzw. Heißkleber befestigen. Den Gärtner fixieren Sie mit der Hyazinthe, die er in der Hand trägt, zusätzlich an der Mittelstrebe. An die rechte obere Querstrebe einen Vogel hängen, den zweiten Vogel direkt auf dem Rundstab befestigen. Zuletzt verzieren Sie das Fensterkreuz noch mit einem Holz-Rechen, den Sie leicht schräg von der unteren Querleiste zur Mittelstrebe führen. Aufgehängt wird der Friesenbaum an einem blauen Satinband.

Im Hühnernest

Material:

- *Fensterkreuz, 3 Streben, blau*
- *Tonkarton, weiß*
- *Tonkarton geprägt, grün, blau und weiß*
- *Vario-Tonkarton, grün-weiß kariert*
- *Bastelfarbe, grün, blau und weiß*
- *Baumwollband, weiß*
- *Dekoband „Frühling", grün, 4 cm breit, 60 cm*
- *Satinband, 3 mm breit, gelb, blau und weiß, je 1,50 m; grün, 2,10 m*
- *Wiesenheu*
- *dünner Golddraht*

Hühner: Für das Fensterkreuz benötigen Sie drei Hühner. Den Körper einmal aus Tonkarton, die Flügel doppelt aus kariertem Vario-Tonkarton zuschneiden. Alle übrigen Motivteile werden je doppelt aus geprägtem Tonkarton angefertigt.

Beidseitig Kamm, Augen, Halsschleife, Flügel und Füße fixieren. Beim Anbringen der Kehllappen samt Schnabel achten Sie darauf, dass Sie bei zwei Hühnern vorerst die Schnäbel nicht schließen; hier werden später die Enden der Eierketten eingeklebt.

Eierketten: Die einzelnen Eier werden jeweils doppelt aus geprägtem Tonkarton ausgeschnitten. Auf die geprägte Seite malen Sie mit Bastelfarben das Ziermuster frei Hand auf; die Blütenpunkte können Sie mit Hilfe eines dünnen Holzstäbchens auf den Karton tupfen. Wenn die Farbe getrocknet ist, kleben Sie die Eier zusammen, dabei legen Sie gleichzeitig einen weißen Baumwollfaden zwischen die Hälften. Auf diese Weise drei bunte Eierketten von ca. 18 cm Länge bilden. Dann knoten Sie zwei Eierketten an den Enden der oberen Querleiste fest.

Nun formen Sie aus Wiesenheu zwei kleine Bündel von ca. 7 cm Länge und befestigen die Heubündel mit Golddraht an den oberen Querstreben. Darauf setzen Sie je eine bunte Schleife aus weißem, gelbem, blauem und grünem Satinband (je 50 cm).

Aus dem Wiesenheu arbeiten Sie nun noch drei weitere Heubündel von jeweils etwa 14-15 cm. Zwei Heubündel drahten Sie an den unteren Querleisten an, das dritte befestigen Sie in Höhe des mittleren Kreuzungspunktes. Auf die einzelnen Heubündel setzen Sie mit Heißkleber je ein Huhn; die beiden Hühner mit den „offenen" Schnäbeln platzieren Sie mit den Köpfen zueinander auf dem unteren Querstab. Jetzt können Sie die letzte Eierkette in die Hühnerschnäbel einkleben.

Zuletzt verzieren Sie das Fensterkreuz am unteren Ende mit einer großen Schleife aus frühlingshaftem Dekoband, zusätzlich binden Sie darauf noch weitere Schleifen aus bunten Satinbändern (je 50 cm). Das restliche grüne Satinband ziehen Sie durch die Ringschraube und hängen das Fensterkreuz daran auf.

Vor dem Gartenzaun

Material:

- Fensterkreuz, 3 Streben, natur
- Tonkarton, weiß
- Tonkarton geprägt, orange, blau und weiß
- Wellpappe, blau und weiß
- Vario-Tonkarton, blau-weiß kariert
- Naturbast, grün
- Holzperlen, grün, 6 mm
- Blumensteckdraht, grün
- Dschungelmoos, grün
- Karoband, 4 cm breit, blau, 50 cm
- Satinband, 3 mm breit, blau, 2 m; weiß, 1,50 m

Gänse: Den Körper je Gans einmal aus Tonkarton, die Füße und den Schnabel je doppelt aus geprägtem Karton und die Halsschleifen jeweils doppelt aus kariertem Vario-Tonkarton zuschneiden. Fixieren Sie beidseitig Füße, Schnabel und Halsschleife. Die Flügellinie, das Nasenloch und das Auge malen Sie mit einem schwarzen Filzstift auf.

Gartenzaun: Die senkrechten Pfosten aus blauer Wellpappe, die Zaunlatten aus weißer Wellpappe anfertigen. Beachten Sie den Wellenverlauf! Kleben Sie die Einzelteile in Zaunform zusammen.

Glockenblumen: Jede Blüte wird doppelt aus geprägtem Tonkarton angefertigt. Für jede Glockenblume benötigen Sie ein Stück Blumendraht von ca. 20 cm Länge. Den Draht an einem Ende zu einer Öse biegen und zwischen die beiden Blütenteile kleben. Die Blätter bestehen aus etwa 3 cm langen Bastfäden. Jeweils drei Bastfäden mittig auf den Draht spießen und hoch zum Blütenkopf schieben; zwischen die Bastfäden geben Sie jeweils einen Tropfen Klebstoff. Dann schieben Sie eine grüne Holzperle auf den Draht und fixieren diese mit etwas Kleber an den Bastblättern. Lassen Sie den Klebstoff gut trocknen. Anschließend wird der Draht in Blütenhöhe rund gebogen. Zuletzt fixieren Sie am Drahtstiel noch zwei ca. 8 cm lange Bastblätter.

Mit dem Dschungelmoos verkleiden Sie sämtliche Querstreben. Dann befestigen Sie die Glockenblumen im Moos, dazu werden die Drahtenden (Stängel) fest um die Streben gebogen. Danach werden die beiden Wellpappe-Zäune fixiert und die Gänse auf den Querleisten verteilt. Zum Schluss binden Sie aus dem Karoband eine Schleife und befestigen diese am oberen Ende des Friesenbaums, zusätzlich setzen Sie eine Doppelschleife aus blauem und weißem Satinband (je 1,50 m) darauf. Das restliche blaue Satinband dient als Aufhängeband.

Im Hasenatelier

Material:

- *Fensterkreuz mit Bogenrand, 4reihig (52 cm hoch), natur*
- *Tonkarton, mittelbraun, rot, blau und grün*
- *Tonkarton geprägt, rot, schwarz und weiß*
- *Vario-Tonkarton (mit Pünktchen), rot, blau und grün*
- *Plastikeier, 4,5 cm und 6 cm*
- *Seidenpapier, grün, rot, gelb und blau*
- *Tapetenkleister*
- *Klarlack*
- *Dschungelmoos, grün*
- *Seidenblüten, blau, weiß und gelb*
- *3 kleine Adiantumzweige*
- *Schleifenband, grün mit weißen Punkten, 4 cm breit, 1,20 m*
- *Satinband, 3 mm breit, grün, rot, gelb und blau, je 1 m*

Hasen: Pro Hase den Körper sowie das Osterei einmal, die Arme doppelt aus Tonkarton und die Hose doppelt aus Vario-Tonkarton zuschneiden. Die Pinselborsten werden einmal, Auge, Wange sowie die übrigen Pinselteile jeweils doppelt aus geprägtem Karton ausgeschnitten.

Zu Beginn den Pinsel anfertigen, dazu die Borsten zwischen den Stielteilen fixieren und darauf die weißen Pinselhalter befestigen. Dann beidseitig die Hasen mit ihren bunten Hosen ergänzen. In eine Pfote geben Sie ihm das große Osterei, in die andere Pfote den Pinsel und kleben die Arme leicht versetzt zueinander auf. Beidseitig Augen sowie Bäckchen platzieren. Pupille, Nase sowie Mund und Barthaare werden mit einem schwarzen Filzstift aufgezeichnet.

Eier: Die Plastikeier verwandeln Sie mit Seidenpapier in bunte Ostereier. Dazu wird das Seidenpapier in kleine Schnipsel gerissen und mit Tapetenkleister auf den Eiern fixiert. Nach dem Trocknen tragen Sie zusätzlich Klarlack auf.

Nun wird der Fensterbogen gestaltet. Auf den waagerechten Leisten Heißkleber verteilen und die Streben mit Dschungelmoos auskleiden. Die Ostereier setzen Sie, ebenfalls mit Heißkleber, in das Moos. Anschließend kleben Sie die weißen, blauen und gelben Blüten ein und verzieren die Felder mit den Hasen zusätzlich mit je einem Adiantumzweig. Die Malerhasen werden von vorne auf dem Fensterbogen fixiert, die Ohren reichen dabei bis in das darüber liegende Fenster.

Zuletzt schmücken Sie den Osterbogen mit einer großen Schleife, die Sie aus dem gepunkteten Schleifenband binden. Als Farbkontrast knoten Sie daran zusätzlich noch Schleifen aus bunten Satinbändern fest.

Hühnerstall

Material:

- *Fertig ausgesägter Rahmen, Motiv Haus, 46 cm x 25 cm*
- *Tonkarton, hautfarben (chamois), dunkelbraun und weiß*
- *Tonkarton geprägt, rehbraun, mittelbraun, gelb und rot*
- *Bastelfarbe, grün*
- *Wiesenheu*
- *dünner Draht*
- *Karoband, 2,5 cm breit, grün, 90 cm*
- *Satinband, 3 mm breit, weiß, 1,10 m; grün, 2 m*

Das Grundmodell des Hühnerstalls bildet ein fertig ausgesägter Rahmen in Hausform, der im Fachhandel erhältlich ist. Alternativ können Sie sich aber einen solchen Rahmen auch selbst aus einer 4 mm dicken Sperrholzplatte aussägen (ohne Vorlage).

Zu Beginn wird in die Giebelspitze des Hauses ein Loch für das Aufhängeband gebohrt, anschließend wird der Rahmen mit grüner Bastelfarbe grundiert. Den Farbauftrag gut trocknen lassen.

Nun werden die einzelnen Hühner gebastelt. Bis auf das Schwanzteil, das einmal aus Tonkarton angefertigt wird, werden sämtliche Teile jeweils doppelt aus geprägtem Karton ausgeschnitten. Die Schwanzfedern zwischen die Körperteile legen und die Hühner zusammenkleben. Danach beidseitig die Flügel, den Kamm, die Kehllappen und den Schnabel positionieren. Augen und Schnabellinie malen Sie mit einem schwarzen Filzstift auf. Die weißen Eier werden je einmal aus Tonkarton zugeschnitten.

Nun werden die Fensteröffnungen unten dicht mit Wiesenheu ausgepolstert. Dazu wird das Heu gebündelt und mit dünnem Draht in den Öffnungen befestigt. In jedes Fenster eine Henne mit Heißkleber in das Heu setzen, davor mehrere Eier verteilen.

Binden Sie nun aus dem Karoband eine große Schleife. Durch das Aufhängeloch grünes Satinband fädeln und verknoten, dabei die Karoschleife gleich mit befestigen. Zur Zierde noch mehrere Schleifen aus weißem und grünem Satinband anknoten, die Bandenden lassen Sie lang herunterhängen.

Frühjahrsputz

Material:

- *Dekobaum stehend, 6fach, natur*
- *Tonkarton, orange und schwarz*
- *Tonkarton geprägt, weiß*
- *Buchs-Girlande, 2,50 m*
- *Bastelfarbe, blau, rot, schwarz und weiß*
- *Mini-Henkelkorb, 8 cm hoch*
- *kleine Wäscheklammern, 2,5 cm*
- *Miniatur-Putzgeräte (Teppichklopfer, Besen, Waschzuber, Eimer, Handfeger), natur und blau*
- *dünner Golddraht*
- *Baumwollband, weiß*
- *Puppenrohling (Seilfigur), ca. 20 cm*
- *Hanf*
- *Baumwollstoff, weiß, 45 cm x 10 cm; blau-weiß gestreift, 30 cm x 30 cm*
- *Stoffreste in Blau und Weiß, uni, gestreift und kariert*
- *2 Knöpfe, weiß, 8 mm ø*
- *Viskoseband, blau, 1,5 cm breit, 40 cm; 1 cm breit, 20 cm*
- *Satinband (Rest), 3 mm breit, blau*
- *dünne Kordel, blau, 1,50 m*
- *Holzleim*

Zu Beginn umwickeln Sie die Mittelachse mit der Buchs-Girlande. Dann werden die naturfarbenen Putzgeräte mit Draht an der Girlande befestigt.

Putzmamsell: Die fleißige Putzfrau besteht aus einem biegsamen Puppengerüst, an dem bereits Kopf, Arme und Füße befestigt sind. Zunächst wird das Kleid gearbeitet. Die Einzelteile je zweimal aus dem gestreiften Baumwollstoff zuschneiden, dabei an den Rändern jeweils ca. 0,5 cm Nahtzugabe ergänzen. Alle Zuschnitte mit Zick-Zack-Stich versäubern. Danach die Ärmel zusammen mit Vorder- und Rückenteil rechts auf rechts legen und an den Raglanschrägen zusammennähen. Dann werden die Ärmelnähte und fortlaufend die Seitennaht geschlossen. Das Kleid säumen. Nun schlagen Sie die Ärmel und den Halsausschnitt schmal ein; die Einschläge werden mit Nähgarn gekräuselt. Das Kleid über die Puppe ziehen, die Kräuselfäden eng zusammenziehen und die Enden verknoten.
Nun die Schürze und den Schürzenlatz je einmal aus weißem Stoff zuschneiden, die Nahtzugabe an den Rändern beträgt 1 cm. Die karierten Taschen zweimal, ebenfalls mit Nahtzugabe, ausschneiden. Bei sämtlichen Teilen die Kanten im Zick-Zack-Stich versäubern. An der Schürze werden die beiden schmalen Kanten und die untere Längskante, bei den Taschen die oberen Kanten umgeschlagen und knappkantig abgesteppt. Dann können die Taschen auf die Schürze genäht werden. Die Schürze in Taillenhöhe einkräuseln und das breite Viskoseband, das Sie vorher entlang den Längskanten zur Hälfte gelegt haben, aufsteppen. Beim Latz die Seiten und den oberen Rand umschlagen, absteppen und unter den Schürzenbund nähen. Zuletzt werden die beiden Träger (schmales Viskoseband) am Latz befestigt und mit je einem kleinen Knopf verziert. Jetzt die Schürze überstreifen und die Bänder auf dem Rücken zu Schleifen binden.

Die Frisur entsteht aus Hanf. Den Hanf auf ca. 22 cm Länge kürzen und in der Mitte (Scheitel) zusammennähen. Die Hanfperücke auf den Kopf kleben, dabei den Scheitel von der Stirn bis zum Nacken führen. Als Stirnpony einige lose Hanffransen fixieren und nach oben kämmen. Seitlich zwei Zöpfe flechten und die Schleifen aus blauem Satinband umbinden. Dann schneiden Sie aus weißem Baumwollstoff das dreieckige Kopftuch aus und versäubern es im Zick-Zack-Stich. Nun wird der Putzmamsell das Tuch umgebunden, die Zipfel am Hinterkopf verknoten. Das Gesicht malen Sie mit Bastelfarben, die Schuhe färben Sie blau ein. Zuletzt werden mit Draht in einer Hand ein blauer Putzeimer, in der anderen Hand ein Besen befestigt.

Wäschestücke: Die Motive vom Vorlagenbogen auf die Stoffreste übertragen. Damit die Stoffränder nicht ausfransen, werden die Konturen vor dem Ausschneiden mit Holzleim bestrichen.

Vögel: Körper und Schnabel je einmal, die übrigen Teile jeweils doppelt zuschneiden. Kleben Sie Schnabel und Körper zwischen das weiße Bauch-Gesichtsteil. Dann werden die Flügel mit der Klebelasche auf dem Vogelrücken fixiert. Das Auge malen Sie mit einem schwarzen Filzstift auf. Zuletzt ergänzen Sie den Aufhängefaden.

Jetzt kann der Friesenbaum geschmückt werden. Als Wäscheleine dient die blaue Kordel, die zwischen die Seitenstreben gespannt wird. Die einzelnen Wäschestücke befestigen Sie mit kleinen Holzklammern direkt an der Kordel. Damit die Putzliesel aufrecht steht, wird sie an eine der unteren Querstreben gedrahtet. Auf den Sockel kleben Sie einen Henkelkorb, den Sie mit einigen Wäscheteilen und mehreren Mini-Klammern füllen.

Frohe Ostern

Material:

- *Fensterkreuz, 3 Streben, grün*
- *Tonkarton, weiß*
- *Tonkarton geprägt, braun und blau*
- *Grasfaser, hellgrün*
- *3 weiße und 3 blaue Plastikeier, 4,5 cm*
- *6 Aufhänger für Eier*
- *Blumendraht*
- *Efeuranke*
- *Mini-Daisy (Seidenblumen), blau und weiß*
- *11 Marienkäfer (Streuteile) aus Holz, 2,5 cm, blau*
- *Naturbast*
- *Schleifenband (Marienkäfer und Blumen), 1,5 cm breit, 2,10 m*
- *Satinband, 3 mm breit, blau, grün und weiß, je 1,10 m*

Schneiden Sie die Grundform der Körbchen an den Außenkanten aus und falzen Sie die gestrichelten Linien. Mit einem Cutter trennen Sie nun das filigrane Muster heraus. Anschließend das Körbchen an den Laschen zusammenkleben. Die Häschen samt Schleifen werden aus geprägtem Karton angefertigt und auf den Körbchen fixiert. Das Körbcheninnere mit Grasfaser auspolstern und weiße und blaue Blumen einstecken. Jetzt durch die Henkelöffnungen Schleifenband (je 40 cm) ziehen und die zwei Körbchen an die Querstreben hängen.

Für den Schmuck am unteren Querstab wird Naturbast gebündelt, zu einer großen Schleife gebunden und mit Efeu und Grasfaser ergänzt. Die Bastschleife mit einigen Seidenblumen und einer Dekoschleife (Bandlänge 70 cm) verzieren und anschließend an der Querleiste andrahten. Mehrere bunte, 50 cm lange Satinbänder anknoten, die Bandenden mit den Plastikeiern ergänzen. Auch die übrigen noch freien Seitenleisten werden mit einer solchen jedoch etwas kleineren Schmuckschleife verziert. Die Länge der Satinbänder beträgt hier nur 30 cm.

Zum Schluss werden die blauen Marienkäfer auf dem Fensterkreuz verteilt und mit Heißkleber befestigt. Am restlichen Schleifenband hängen Sie den Osterbaum auf.

Filigran gestickt

Material:

- ✗ Fensterkreuz, 2 Streben, natur
- ✗ Bastelfarbe, dunkelblau und weiß
- ✗ Klarlack
- ✗ Tonkarton, dunkelblau und weiß
- ✗ Schülertuch, weiß (11 Gewebefäden auf 1 cm), 2 Zuschnitte à 12 cm x 10 cm
- ✗ Sticktwist, dunkelblau
- ✗ doppelseitiges Bügelvlies, 2 Zuschnitte à 12 cm x 10 cm
- ✗ 6 Holzperlen, 4 mm ø, weiß
- ✗ Karoband, 5 mm breit, blau, 1,40 m; 1 cm breit und 2,5 cm breit, blau, je 0,50 m
- ✗ Satinband, 3 mm breit, weiß, 1,70 m
- ✗ Baumwollband, weiß

Zuerst wird das Fensterkreuz mit Bastelfarbe weiß eingefärbt, die Holzkugeln setzen Sie mit blauer Farbe ab. Nach dem Trocknen der Farben wird der Klarlack aufgetragen.

Die Hasen, die die beiden großen weiß-blauen Motiveier schmücken, sind aufgestickt. Sie werden zweifädig über 2 x 2 Gewebefäden auf das Schülertuch gestickt. Halten Sie dabei zum linken Rand einen Abstand von fünf Kreuzchen und zum unteren Rand einen Abstand von 13 Kreuzchen ein. Anschließend wird die fertige Stickerei von der Rückseite leicht gedämpft. Danach legen Sie das Bügelvlies auf die Rückseite des Schülertuchs und bügeln es auf. Nun schneiden Sie für jedes Motivei einmal den ovalen Einsatz aus weißem Tonkarton aus. Ziehen Sie das Trennpapier vom Bügelvlies ab und legen Sie das bestickte Schülertuch so auf das Tonkartonoval, dass die linke und die untere Kante bündig abschließen. Die Motivteile mit dem Bügeleisen miteinander fixieren. Dann schneiden Sie den filigranen Rahmen samt der Blüte doppelt aus blauem Tonkarton aus und kleben das gestickte Innenteil zwischen die beiden Rahmenhälften. Auf die Rückseite der beiden filigranen Eier setzen Sie noch jeweils ein kleines Häschen (s. unten) aus dunkelblauem Tonkarton. Mit der Lochzange ein Aufhängeloch einstanzen und weißes Baumwollband hindurchziehen, zusätzlich eine weiße Holzperle auf das Band fädeln. Die Vorderseiten der Motiveier verzieren Sie mit je einer Schleife (25 cm) aus dem 1 cm breitem Karoband.

Nun aus dunkelblauem Tonkarton zwei große und zehn kleine Häschen ausschneiden. Die Trennlinien und die Innenohren werden mit dem Cutter aufgeschnitten, die Augen mit der Lochzange ausgestanzt. Die beiden großen Hasen erhalten um ihren Hals je eine Schleife aus schmalem Karoband. Dann ergänzen Sie die großen und zwei kleine Häschen mit den Aufhängebändern, auf die Bänder fädeln Sie zusätzlich je eine Holzperle.

Um die Mittelachse des Friesenbaums winden Sie ca. 60 cm langes schmales Karoband, Anfang und Ende des Bandes sichern Sie mit einem Tropfen Klebstoff. Dann werden die filigranen Motiveier und die hängenden Häschen an den Querstreben verteilt. Die Befestigungspunkte verdecken Sie mit den kleinen Häschen, dazu etwas Heißkleber auf die Rückseiten geben und die Motive auf die Rundstäbe drücken. Zwischen die unteren Figuren setzen Sie je eine Doppelschleife aus weißem Satinband (je 60 cm) und schmalem Karoband (je 40 cm). Zum Schluss wird die Mittelstrebe mit einer großen Schleife aus breitem (2,5 cm) Karoband dekoriert. Mit dem restlichen weißen Satinband wird der Friesenbaum aufgehängt.

Tanz um den Maibaum

Material:

- *Fensterkreuz, 3 Streben (30 cm hoch), natur*
- *gehobeltes Kiefern- oder Fichtenholzbrett, Stärke 10 mm, 35 cm x 25 cm*
- *Sperrholzplatte, Stärke 6 mm, 13 cm x 13 cm*
- *2 Holzschrauben*
- *Schaschlikstäbchen*
- *Bastelfarbe, moosgrün, dunkelblau, hellblau, braun, gelb, hautfarben, schwarz und weiß*
- *Klarlack*
- *Streuvögel aus Holz, blau und gelb*
- *Buchs-Girlande, 3,40 m*
- *Seidenblümchen, blau-weiß*
- *Viskoseband, 1 cm breit, dunkelblau, 1,70 m*
- *Satinband, 3 mm breit, dunkelblau und weiß je 3,60 m; gelb, 2,80 m*

Diese beiden jungen Tänzer halten den Maibaum in ihren Händen.

Die beiden Tänzer werden aus dem 10 mm dicken Holzbrett, die Standfläche wird aus der Sperrholzplatte ausgesägt. Sämtliche Holzflächen mit Schleifpapier gut glätten. Dann wird die Bodenplatte in Moosgrün grundiert, die Tänzer werden der Abbildung entsprechend bemalt. Beim Mädchen die Schürze und die Haarschleife, beim Jungen das Hemd mit einem Karomuster verzieren. Augen, Knopflöcher und die Pünktchenbordüre werden mit Hilfe eines Stecknadelkopfes aufgetupft. Wenn die Farbe getrocknet ist, tragen Sie zum Schutz Klarlack auf. Dann kann die Bodenplatte von unten mit zwei Holzschrauben an den Fußsohlen der beiden Tänzer befestigt werden. Das Fensterkreuz weiß grundieren und ebenfalls lackieren.

Tanzendes Pärchen und Maibaum werden über ein Schaschlikstäbchen miteinander verbunden. In die Nut an den Händen ein kleines Loch bohren, das Schaschlikstäbchen auf 2 cm Länge kürzen und in das Loch leimen. Ein Ende der Längsachse des Fensterkreuzes mit einer weiteren Bohrung versehen, etwas Leim hineingeben und das Fensterkreuz aufstecken.

Um die Mittelstrebe winden Sie ein 50 cm langes Viskoseband; Anfang und Ende fixieren Sie mit etwas Klebstoff. Dann werden aus der Buchs-Girlande zwei große und zwei kleine Kränze gefertigt. Schneiden Sie von der Girlande zwei Stränge von je 1,40 m und zwei Stränge von je 30 cm ab. Biegen Sie daraus jeweils zwei Kränze von ca. 9 cm und 4 cm ø. Als Aufhängeband knoten Sie an die großen Kränze über Kreuz ein weißes und ein blaues Satinband (je 40 cm). Zusätzlich werden an den Befestigungspunkten noch Schleifen aus gelbem, blauem und weißem Satinband (je 30 cm) angeknotet. Zwischen die Buchsblätter kleben Sie einige blau-weiße Seidenblüten. Jetzt können die Kränze an den oberen Streben eingehängt werden. Damit sie nicht mehr abrutschen können, sichern Sie die Aufhängebänder mit je einer Schleife aus 40 cm langen Viskoseband.

Die restlichen Satinbänder werden am unteren Baumende angeknotet und mit einer Viskoseschleife verziert. An die Bandenden knoten Sie die beiden kleinen Kränze. Zuletzt fixieren Sie noch einige gelbe und blaue Streuvögel aus Holz an den Querstreben des Maibaums.

Schmetterlingsbaum

(Abbildung Rückseite)

Material:

- ✗ *Fensterkreuz, 2 Streben, gelb*
- ✗ *Tonkarton, gelb und grün*
- ✗ *Buchs-Girlande, 2,40 m*
- ✗ *Blütenscheiben, 12 mm ø, gelb, orange und grün*
- ✗ *Satinband, 3 mm breit, gelb, 2,70 m; grün, 4,30 m*

Für diesen Friesenbaum benötigen Sie zwei große und zwei kleine Schmetterlinge, die Sie aus gelbem Tonkarton ausschneiden. Zusätzlich werden noch weitere sieben kleine Schmetterlinge aus grünem Tonkarton benötigt. Die Innenflächen vorsichtig mit dem Cutter heraustrennen bzw. bei den kleinen Faltern die Zierlöcher mit der Lochzange ausstanzen. Damit die beiden großen Schmetterlinge am Fensterkreuz aufgehängt werden können, binden Sie seitlich je ein 20 cm langes grünes Satinband an.

Jetzt formen Sie aus der Buchs-Girlande (je 90 cm) zwei Kränzchen von 8 cm-9 cm ø, die Girlande liegt dabei dreifach. Die restliche Buchs-Girlande wickeln Sie um die Mittelstrebe des Fensterkreuzes. Jedes Kränzchen wird mit Schleifen aus gelbem und grünem Satinband (je 60 cm) verziert, zusätzlich werden die oberen Kranzhälften mit je drei bunten Blütenscheiben und je einem gelben Schmetterling dekoriert. Das grüne Aufhängeband (15 cm) anknoten und die Kränzchen am Fensterbaum verteilen. Anschließend können die grünen Schmetterlinge an der Mittelstrebe und den Querstäben fixiert werden.

Zuletzt schmücken Sie das Fensterkreuz in Höhe des unteren Kreuzungspunktes noch mit einer großen Schleife aus grünem und gelbem Satinband (je 1,50 m). Die Bandenden hängen lang herunter. Das restliche grüne Satinband dient als Aufhängeband für den Schmetterlingsbaum.

Filigraner Osterbogen

Material:

- ✗ *Fensterkreuz mit Bogenrand, 3reihig (42 cm hoch), natur*
- ✗ *Tonkarton, rot*
- ✗ *Buchs-Girlande, 2,20 m*
- ✗ *Islandmoos*
- ✗ *Kleine Seidenblumen, weiß*
- ✗ *Karoband, 2,5 cm breit, rot, 90 cm; 4 cm breit, rot, 80 cm*

Zuerst übertragen Sie das Hintergrundmotiv vom Vorlagenbogen auf roten Tonkarton. Anschließend müssen Sie zunächst prüfen, ob die Vorlage mit den Maßen des Fensterkreuzes übereinstimmt, da es bei der Herstellung der Holzgestelle zu geringen Abweichungen bei den Proportionen kommen kann. Legen Sie daher den Fensterbogen auf das abgepauste Motiv und vergleichen Sie den Bogenumriss. Falls Ihr Holzbogen kleiner oder größer ausfällt, gleichen Sie die Konturen an. Dann kann das Motiv mit dem Cutter ausgeschnitten werden. Zuerst das Gesicht der Sonne mit leicht geschwungenen Schnitten andeuten. Beim Heraustrennen der Zwischenräume erst die kleineren Flächen bearbeiten, danach die größeren ausschneiden. Die Augen der einzelnen Figuren stanzen Sie mit der Lochzange aus. Zuletzt wird das fertig ausgeschnittene Motiv mit Klebstoff auf der Rückseite des Fensterbogens fixiert.

Jetzt kann der Osterbogen weiter dekoriert werden. Auf die äußere Bogenrundung kleben Sie das 2,5 cm breite Karoband, die vordere schmale Kante decken Sie mit einem Strang Buchs-Girlande ab. Nun werden aus Islandmoos vier kleine Nester arrangiert und mittig auf die vier unteren Streben des Fensterbogens geklebt. In den Nestern befestigen Sie einige weiße Seidenblüten. Zum Schluss schmücken Sie den Fuß des Osterbogens mit je einer großen Schleife aus rotem Karoband und der restlichen Buchs-Girlande.

Blau-weiße Ostern

Material:

- *Fensterkreuz mit Bogenrand, 4reihig (52 cm hoch), natur*
- *Bastelfarbe, gelb, blau und weiß*
- *Klarlack*
- *Wellpappe, blau*
- *Schaschlikstäbchen*
- *14 Holzperlen, weiß, 10 mm ø*
- *Buchs-Girlande, 4,50 m*
- *4 Plastikeier, 6 cm*
- *Karoband, blau, 5 mm breit, 1,30 m; 1 cm breit, 60 cm; 4 cm breit, 1,50 m*
- *Satinband, 3 mm breit, blau, 2,40 m; weiß, 1,40 m*

Zu Beginn das Fensterkreuz weiß, den Bogenrand und den Standfuß blau grundieren. Den Farbauftrag mit Klarlack überziehen. Dann wickeln Sie die Buchs-Girlande (1,50 m) spiralförmig um die Mittelstrebe des Holzgestells.

Schneiden Sie nun von der übrigen Buchs-Girlande vier Stränge von je 40 cm Länge ab. Jeder Strang wird doppelt gelegt und zu einem Ei geformt; die Enden werden ineinander verdreht. Jeweils zwei Buchs-Eier werden mit 40 cm Karoband (5 mm breit) zusammengebunden, auf das Band ziehen Sie vorher fünf weiße Holzperlen auf.

Dann die restliche Buchs-Girlande in vier Stücke teilen und daraus Schleifen binden. Die oberen Buchs-Schleifen werden mit schmalem Karoband (je 25 cm), die unteren mit dem 1 cm breiten Band (je 30 cm) am Gerüst angeknotet. Anschließend die aus Buchs geformten Eier befestigen und die Buchsschleifen mit blauem und weißem Satinband (je 70 cm) schmücken. Oberes und unteres Ende der Mittelachse werden mit je einer Karoschleife aus dem 4 cm breiten Band verziert, für die obere Schleife benötigen Sie 70 cm, für die untere 80 cm Karoband.

Jetzt werden die Plastikeier blau grundiert. Anschließend können die Eier beliebig bemalt und mit blauem Satinband an der Mittelstrebe fixiert werden. Zuletzt schneiden Sie aus Wellpappe die einzelnen Tierfiguren jeweils doppelt aus; dabei eine Hälfte spiegelbildlich arbeiten. Die Motive werden mit den glatten Seiten zusammengeklebt, am unteren Figurenrand wird gleichzeitig ein kurzes Schaschlikstäbchen (Rest) dazwischen gelegt. Nun können Sie die Hühner und Hasen in die Öffnungen der Seitenstreben einstecken bzw. mit Heißkleber einkleben.

Kunterbunter Osterbaum

Material:

- ✗ *Fensterkreuz, 3 Streben, rot*
- ✗ *Tonkarton, grün*
- ✗ *Tonkarton geprägt, rot, gelb und schwarz*
- ✗ *6 Plastikeier, weiß, 6 cm*
- ✗ *6 Aufhänger für Eier*
- ✗ *Bastelfarbe, grün, blau, gelb, rot und weiß*
- ✗ *Klarlack*
- ✗ *Naturpapier, erdfarben und weiß*
- ✗ *6 ovale Wackelaugen, 12 mm*
- ✗ *Bastrest, schwarz*
- ✗ *Nylonfaden*
- ✗ *Kokosfaser, grün*
- ✗ *Buchs-Girlande, 2,75 m*
- ✗ *Dekoband im Osterdessin, 4 cm breit, 1 m*
- ✗ *Satinband, 3 mm breit, gelb, 2,40 m; rot, blau, grün und weiß je 1,90 m*

Die Mittelstrebe des Fensterkreuzes wird mit der Buchs-Girlande umwickelt.

Hasen: Körper, Kopf und Stummelschwänzchen je einmal aus Naturpapier ausschneiden, die Nase aus geprägtem Tonkarton. Die Barthaare bestehen aus einem ca. 5 cm langen Bastrest. Den Bast auseinander ziehen und von beiden Seiten her fransig einschneiden. Dann wird der Bast in der Mitte gerafft und aufgeklebt, darauf wird das Nasendreieck gesetzt. Dann fixieren Sie die Wackelaugen und befestigen danach den Kopf am Rumpf. Auf der Rückseite das Stummelschwänzchen ergänzen. Zuletzt einige Kokosfasern zu einer Schleife binden und am Hasenbauch ankleben.

Tulpen: Den Stängel samt Blättern einmal aus Tonkarton, die Blüte doppelt aus geprägtem Karton anfertigen. Die Blüte wird beidseitig am oberen Stängelende befestigt. Am unteren Tulpenende eine Schleife aus Kokosfaser befestigen.

Eier: Zuerst werden die Plastikeier einfarbig grundiert. Dann können Sie die Eier nach Belieben weiter bemalen: Tupfen Sie bunte Blüten und Herzen auf oder tragen Sie ein Karomuster auf. Danach wird der Farbauftrag mit Klarlack überzogen. Wenn der Lack getrocknet ist, stecken Sie die Eieraufhänger in die Aufhängelöcher. Als Aufhängeband verwenden Sie ca. 15-20 cm langes Satinband. Zum Schluss verzieren Sie jedes Ei noch mit einer Buchs-Schleife (je 25 cm).

Jetzt kann das Fensterkreuz dekoriert werden. Verteilen Sie Eier und Hasen an den Querstreben. Oberhalb der Hasen knoten Sie am Querstab jeweils eine Schleife aus bunten Satinbändern (je 40 cm) an. Aus dem Dekoband eine große Schleife binden, in die Schleifenmitte eine Buchsschleife (25 cm) setzen und mit Satinbändern an der unteren Leiste befestigen. Die Bandenden lassen Sie lang herunterhängen. Zuletzt werden die Tulpen platziert. Zwei Tulpen an den losen Satinbandenden, die übrigen mit Heißkleber an der Mittelstrebe fixieren.

Ein Frühlingsgruß

(Vgl. Abbildung Titelseite)

Material:
- ✗ *Mini-Fensterkreuz (30 cm), 3 Streben, natur*
- ✗ *Tonkarton geprägt, blau, gelb und weiß*
- ✗ *Terrakottatopf, 12 cm hoch, 12,5 cm ø*
- ✗ *Bastelfarbe, blau, gelb und weiß*
- ✗ *Klarlack*
- ✗ *Moosgummirest, Vierkantleiste (Rest)*
- ✗ *Steckschaumwürfel*
- ✗ *Grasfaser, hellgrün*
- ✗ *Blumendraht*
- ✗ *Gießkanne und Harke aus Holz, blau*
- ✗ *Holzstecker mit Bienenmotiv*
- ✗ *Vögel aus Holz, Streuteile, grün*
- ✗ *Baumwollband, weiß*
- ✗ *Schleifenband mit Blumenmotiv, 4 cm breit, 60 cm*
- ✗ *Satinband, 3 mm breit, blau, 1,50 m; gelb und weiß, je 1,20 m*
- ✗ *Karoband, 5 mm breit, blau, 2,30 m*

Zuerst grundieren Sie den Terrakottatopf und das Fensterkreuz mit weißer Bastelfarbe. Beim Topf wird die Farbe mit einem dicken Rundborstenpinsel aufgetupft, die Oberfläche wirkt dadurch leicht aufgeraut. Dann malen Sie vier Gießkannen auf den unteren Rand. Die Blütengirlande wird mit Hilfe eines Stempels aufgebracht: Die kleine Blüte aus Moosgummi in zwei Teilen ausschneiden und auf das Ende der Vierkantleiste kleben. Die Moosgummifläche mit Farbe bestreichen und das Motiv aufdrucken. Nach dem Trocknen der Farbe wird Klarlack aufgetragen. Anschließend drücken Sie einen Steckschwamm in den Terrakottatopf.

Um die Querstreben des Fensterkreuzes wickeln Sie schmales Karoband. Die bunten Blüten werden doppelt aus geprägtem Karton ausgeschnitten, zusammengeklebt und mit weißem Baumwollfaden am Dekobaum aufgehängt. Das obere Baumende schmücken Sie mit einer Schleife aus Karoband und bunten Satinbändern; die Bandenden lassen Sie lang herunterhängen. Danach werden Gießkanne und Harke mit einer Karoschleife am Minibaum angeknotet. Zuletzt fixieren Sie mit Heißkleber einige grüne Streuvögel.

Jetzt kann der Minibaum in den Terrakottatopf gesteckt werden. Den sichtbaren Steckschwamm kaschieren Sie mit hellgrüner Grasfaser. Nun arbeiten Sie aus bunten Satinbändern und dem gemusterten Dekoband die große Schleife, hängen zwei Tonkartonblüten an und befestigen sie mit Blumendraht im Steckschaumwürfel. Zuletzt wird noch der Holzstecker mit der Biene auf dem Blatt eingefügt.

TOPP 2550

DM	12,80
EURO	6,54
ÖS	93,—
SFr	12,80

9 783772 425509

Fensterkreuze und Friesenbäume sind längst zu einer beliebten Dekoration geworden. Jetzt im Frühling müssen die Holzgestelle neu bestückt werden! Schauen Sie den pfiffigen Malerhasen über die Schulter, lassen Sie sich von den filigranen Schmetterlingen verzaubern, empfangen Sie den Frühling mit einem Tanz um den Maibaum oder holen Sie die holländische Tulpenblüte in Ihr Heim. Oder Sie überraschen jemanden zum Osterfest mit einem hübsch dekorierten Friesenbaum, an dem Osterkörbchen hängen! Hier gibt es viele zauberhafte Ideen zum Nacharbeiten und Dekorieren.

ISBN 3-7724-2550-X

TOPP

Armin Täubner

SCHNEEFLOCKEN-MOBILES

Mit Transfers zum Kennenlernen

Vorlagen in algröße